DES RÉVOLUTIONS

MILITAIRES

ET DE LA CHARTE.

DES RÉVOLUTIONS

MILITAIRES

ET DE LA CHARTE.

A PARIS,

DE L'IMPRIMERIE DE J. GRATIOT.

1820.

DES RÉVOLUTIONS

MILITAIRES

ET DE LA CHARTE.

————

L'Europe a été remuée en tout sens depuis vingt-cinq années ; une main terrible en a rompu l'équilibre politique, brisé les institutions, confondu les intérêts : il s'est fait un accouplement gigantesque de nations par la force et la victoire ; et ce mélange des hommes, malgré sa violence, a dû sourdement agir sur les idées et sur les choses. Elle irrita les vieilles affections et les ressentiments généreux, la puissance qui tourmenta ainsi les rois, les peuples et les mœurs ; mais, souveraine maîtresse, elle eut le temps de jeter des maîtres nouveaux sur les trônes et de nouvelles ambitions dans les cœurs. Cependant ce qui restait à l'Europe de force et de résistance fut enfin pris en protection par la fortune ; l'homme de gloire et de malheur qui allait poussant au Caucase ses derniers soldats, subit la peine promise par Montesquieu à l'imprudent conquérant qui voudrait renouveler Charlemagne (1).

Buonaparte ne sut pas se résigner à une halte nécessaire après ses désastres, et, dans l'effréné désir d'une vengeance vaniteuse , vint jouer son empire à d'inégales batailles. Soulevée par des succès imprévus , armée des défections nationales que la peur avait comprimées et que l'intérêt ouvrait tout à coup , l'Europe renversa le colosse qui avait si long-temps pesé sur elle; et, venue à bout de l'ennemi européen , elle déposa ses haines et garda ses armes. La France , qui lui devait la paix , et voulait la liberté , invoqua les Bourbons , et la France allait se reposer de ses glorieuses traverses à l'abri d'un trône légitime et d'une liberté sage , quand ce bonheur lui fut arraché soudain par des soldats égarés. Buonaparte apparut au milieu d'eux, appelant la révolution à son aide ; et cette alliance, dans son règne de trois mois , nous légua un siècle de malheurs. L'Europe ,

---

(1) Montesquieu, *Grandeur et Décadence des Romains.*

s'ébranlant aussitôt , vint écraser de tout son poids ces menaces d'une domination nouvelle.

L'Europe se vengea trop sur la nation de l'homme qu'elle voulait abattre. Cet homme devait emporter tous les ressentimens sur le rocher qui le recevait au milieu de l'Océan pour en répondre au monde.

Les souverains discutèrent la grande réconciliation qui s'opérait, et par cela même ils l'affaiblirent; ils mêlèrent des intérêts d'argent aux grands intérêts politiques qui les avaient unis. Ainsi fut discréditée cette magnanime fraternité des rois, ce *patriotisme européen*, vainqueur des illégitimités, et vengeur des infortunes. Au moment où il fallait nouer à jamais l'alliance des souverains et la confiance des peuples, on ne sut que chicaner sur de mesquines contestations, liquider contentieusement le présent, sans préparer sûrement l'avenir. Après avoir campé dans nos places jusqu'au paiement de leur croisade, les milices étrangères rapportèrent dans leur patrie les fières inquiétudes des hommes transplantés, et ce reflux de grandes masses militaires long-temps émues sur des pays à peine tranquilles, dut y déposer le germe de prochaines agitations.

La coalition avait d'ailleurs trop avidement partagé les dépouilles. Ce brusque morcellement de provinces diminuées, agrandies, qui devait au moins justifier ces vexations locales par la sollicitude d'un grand intérêt, fut abandonné aux caprices de la force. Sans doute, il y eut de légales restitutions; mais, pour satisfaire aux remboursemens de territoire que réclamait chaque couronne, on écouta les exigeances particulières, et on laissa de côté les convenances politiques. Très-justement la maison d'Autriche revendiqua ses anciennes possessions de l'Italie; mais ne pouvait-elle recevoir une indemnité plus utile au repos général, une indemnité allemande, si je puis m'exprimer ainsi? L'Italie ne fût pas devenue une fourmilière d'intérêts opposés, un volcan de passions que le moindre événement enflammera facilement.

Très-justement la Russie a voulu prendre un large dédommagement de ses pertes et de ses efforts, mais la Pologne ne sera pas de long-temps moscovite, et les vieilles antipathies qu'elle aura versées dans le corps qui l'a reçue seront peut-être fatales aux czars.

Très-justement la Prusse, qui avait le plus souffert, a le plus gagné, mais devait-on la répandre et l'éparpiller depuis la Vistule jusqu'au Rhin ?

D'autres portions de peuples ont été encore imprudemment mutilées.

Montrer les dangers de ces transports d'hommes d'une domination naturelle à une domination étrangère, n'est pas faire insulte à la politique des cabinets.

Loin de nous la jactance des docteurs révolutionnaires qui, du haut de leurs théories orgueilleuses, jugent les rois pour tromper les peuples, et frondent les actes des gouvernemens pour aigrir les gouvernés.

Nous avons voulu chercher les causes de ce malaise qui a succédé à la guerre, et de ces révolutions sorties du repos. Si, dans nos investigations, échappent quelques censures, qu'on les pardonne à la bonne foi qui veut plutôt

éclairer l'avenir, que blâmer le passé. Les esprits sages doivent à la société leurs conseils
et leur exemple, dans ces jours d'avenglement
et de détresse, où les hommes s'agitent d'abord
pour la liberté, et s'épuisent bientôt dans l'a-
narchie ; car la liberté, commencée par des
mains coupables, doit aussi mourir par elles.
Pourquoi donc ces joies indiscrètes qui, chez
nous, saluent les peuples voisins, entraînés tout
à l'heure dans l'arène des révolutions? Esclaves
affranchis par la Charte, vos applaudissemens
revèlent vos espérances. Vos cris d'allégresse,
à l'aspect du soldat législateur de l'Espagne et
des Siciles, dénoncent les arrières-pensées du
despotisme militaire qui vit dans vos regrets.

La liberté, fille de la sagesse et mère de
l'ordre, s'effraie bien plutôt de cette puissance
du glaive qui vient trancher insolemment tous
les nœuds de la vie sociale. Une fois que les
armées s'interposent entre les peuples et les rois,
tout État est détruit. La force militaire, qui se
constitue l'interprète des volontés nationales,
assez hardie pour arracher la couronne au
possesseur légitime, sera bien assez coupable
pour la prostituer au dernier des centurions.

La moindre résistance à ses caprices est le signal de révoltes sans cesse renaissantes. Quel peut être l'empire des lois au milieu de cette continuelle intervention des armes ? Chaque poignée de soldats a bientôt des prétentions différentes, et les chefs, prompts à les nourrir, n'ont au fond qu'une seule idée, celle du commandement suprême. On sollicite, par tous les moyens, cette affection des soldats qui peut donner l'empire. Il se fait un trafic de la patrie : les uns la vendent, d'autres l'achètent ; et malheur à celui qui paye mal les créances de l'ambition. Didius Julien est abandonné des siens ; il n'a pu acquitter les immenses promesses qu'il leur a faites : la fidélité des soldats une fois ébranlée, la porte est ouverte à toutes les corruptions, *et ils assassinent les empereurs, pour en avoir un nouveau prix* (1).

Les vrais amis du gouvernement représentatif sentent au contraire toutes leurs doctrines en péril, au bruit des révolutions qui s'avancent. Ils savent que la liberté ne doit pas être une

---

(1) Montesquieu, *Grandeur et Décadence des Romains.*

violente innovation , mais une lente conquête, et que le sabre qui la fonde est aussi l'instrument qui l'abat.

Heureuse la France , si, malgré les orages , elle veut garder l'attitude de la force et de la sagesse , le repos que Naples et Madrid ont quitté pour d'aventureuses tentatives. Ses victorieux efforts contre la domination étrangère réclamaient cependant pour la vaillante Espagne une autre récompense que l'anarchie. Mais l'anarchie vengera la révolte ; et le trône, laissé sans force par une liberté militairement imposée , ne pourra la défendre à son tour.

Est-ce la liberté qu'ils prétendent créer et maintenir, ces législateurs armés de la Sicile, qui, parés des couleurs d'un despotisme déchu, commandent à leur roi une constitution soudaine et violente ; qui la veulent toute étrangère, toute espagnole , mot à mot traduite de celle des Cortès ? Singulière liberté, qui appelle, comme par une conséquence forcée de sa nature, tous les ministres de la précédente usurpation. Je ne sais si Naples, cette terre de corruption et de mollesse, peut porter d'au-

tre gouvernement que celui d'une paternelle
monarchie ; mais ce qu'il est facile de prévoir,
c'est qu'une transplantation imprudente de lois
étrangères ne peut réussir sur un sol pareil.
Le peuple, arraché à ses habitudes, reçoit d'une
poignée de soldats un gouvernement nouveau,
qui n'est point trempé, si je puis m'exprimer
ainsi, dans son caractère. On lui dit, le sabre
à la main : Sois libre ; adore la constitution
ibérienne, et les favoris de Murat vont se dé-
vouer à ton bonheur.

Il y a là démence ou trahison ; on n'en peut
attendre ni sûreté ni repos.

Sans doute, il y a maintenant en Europe
une certaine sympathie morale entre les peuples, une communauté d'opinions et d'idées,
résultats de cette parenté violente, mais longue,
à laquelle Buonaparte les avait forcés. La grande
lutte soutenue contre lui, par toutes les masses
réunies dans une défense commune, éveilla
une passion généreuse d'indépendance qui est
restée dans les ames après le triomphe, plus
profonde et plus chère par les sacrifices qu'elle
avait coûté, mais plus indécise dans ses désirs

et dans sa marche. Dans les pays restés plus près de la nature, cette vague activité ne pousse à des changemens politiques qu'après avoir agité les idées religieuses ; et en Allemagne, où les imaginations sont plus naïves, cette activité s'est élancée dans une région de spéculations méthaphysiques, bien au-delà des intérêts de la terre. Mais, à travers les mystères de l'illuminisme, on aperçoit la tendance politique vers laquelle les peuples finiront par se tourner. Tendance dangereuse, que doivent consulter les souverains pour la fixer par tous les changemens que cette nouveauté d'idées peut justement implorer d'eux.

Une grande lumière a été jetée sur la politique européenne par ces paroles sorties d'une cour sage et magnanime : « Les institutions émanées du trône sont conservatrices » (1).

Que la France se montre au monde, elle qui posède ce que cherchent si témérairement des nations moins heureuses ; nations qui, dans l'impatience de l'avenir, foulent aux

---

(1) Note du Cabinet russe.

pieds les institutions du passé, dont la sage combinaison, avec des innovations prudentes, peut seule satisfaire les besoins nouveaux. Burke établit très-bien que ce principe d'héritage et de conservation qui domine les améliorations sociales, est ce qui les fait durer, parce qu'il leur communique la force que possède déjà le vieux tronc sur lequel ces branches sont greffées (1).

La France est l'école de l'Europe, puisque chez elle est consommée l'introduction des principes nouveaux dans l'ordre ancien ; puisque noblement est descendue du trône de ses Bourbons, la liberté, qu'appellent ailleurs tant d'efforts douloureux. La Charte suffit à toutes les réconciliations, à toutes les exigeances ; élevée par une main royale en la place des anciennes franchises, elle s'allie, par la source dont elle émane, aux destinées de l'ancienne dynastie, guide de nos ancêtres à travers la civilisation.

La Charte peut donc être le type de semblables concessions, qui contentent ce qu'il y

____

(1) Burke, *Réflexions sur la Révolution de France.*

a de légitime dans les passions dont les peuples sont tourmentés.

Mais un parti s'est relevé, qui veut, avec tout le cortège de ses sophismes, faire invasion dans l'ordre de choses établi en France, promis ou déjà réalisé dans d'autres États. Il veut détourner, à son profit, les sentiments de liberté créés par le pacte français ; il en interroge audacieusement les principes, pour les saper ; il tâche de substituer à la satisfaction loyale que devait produire la liberté réelle et pratique sortie de la Charte, l'inquiète convoitise d'une liberté abstraite et métaphysique, révée par sa folie.

Au parti des théories, dont trente années d'essais affreux n'ont pu lasser les imbéciles espérances, s'est jointe cette race de sang et de rapines, qui rugit aux mots d'ordre et de royauté, qui, dans l'ivresse de ses crimes passés, aspire à d'autres fureurs, et semble chercher comme un élément de troubles où elle puisse respirer à son aise : race lâche et cruelle qui a vécu de nos malheurs, qui ne sait dans ses triomphes que proscrire et confisquer, que massacrer et détruire ; et, fatiguée de ses orgies sanglantes, tomber aux pieds d'un tyran qui accepte son infamie et veille pour tranquilliser ses remords. C'est, pour ainsi dire, une nation contre une nation : remuante, implacable, ingrate de tous les bienfaits que la clémence lui a laissés, elle poursuit avec une audacieuse persévérance le pouvoir qu'elle voudrait saisir, pour le vendre encore à quelque despote de son choix; car ces purs républicains n'aiment rien tant que le despotisme, pourvu qu'ils le fassent, et qu'ils en aient salaire. Ainsi nous leur avons dû l'invasion de Buonaparte , et les fléaux de l'occupation étrangère ; et certes, ils ont donné alors des preuves magnifiques de leurs doctrines inflexibles, en s'attelant volontairement au char de la tyrannie, dans l'intention patriotique d'apprivoiser ses fières volontés, et d'exciter ses velléités libérales. Mais, à l'apparition des Bourbons , ils ont bien vite repris l'attitude qui sied à leurs farouches principes. Les valets de l'antichambre impériale sont devenus de profonds détracteurs de la monarchie, et des espions supprimés ont élevé des chaires de philosophie et de liberté. Par la fatalité la plus déplorable, le gouvernement, au

2

lieu d'abattre les tréteaux, s'est mis à écouter les charlatans. De là ce système de faiblesse et d'incertitude, pendant lequel des doctrines funestes ont gagné et pénétré le corps social.

Une chose me frappe dans le spectacle de nos folies, c'est de voir les partis seuls, habiles, vigilans, prêcher des doctrines conséquentes à leurs desseins, étendre partout leurs mains avides, pour tout corrompre et tout conquérir. Et, tandis que se forme et se grossit cette coalition de passions rebelles, cette assurance mutuelle de révolte et d'impunité, les gouvernemens, harcelés par des ennemis chaque jour plus audacieux, sont réduits à les combattre sur un terrein qu'ils n'ont pas songé à affermir. Les pilotes de la monarchie, au lieu de chasser et de balayer les corsaires qui en attaquaient le vaisseau, ont mieux aimé jeter à la mer tout ce qui eût pu servir à sa défense, espérant par là conjurer les tempêtes.

« Les fautes que font les hommes d'État, dit « un grand publiciste, ne sont pas toujours « libres ; souvent ce sont des suites nécessaires « de la situation où l'on est, et les inconvé-

« niens ont fait naître les inconvéniens ».
Voilà l'histoire de nos ministères depuis la restauration, voilà la satire du passé et le conseil de l'avenir. Le gouvernement une fois entraîné par une pente, est allé jusqu'à l'abîme. Le gouvernement s'est affaibli pour avoir transigé avec les partis; il se fortifiera en les maîtrisant. Et, s'il en existait un qui eût ouvertement juré sa perte, qui n'eût payé ses avances que d'une capricieuse ingratitude, qui, impatient de trop lentes concessions, eût voulu en arracher de force, les demandant, pour ainsi dire, sous peine de la vie, le gouvernement rendu à sa nature et à sa dignité par les dangers et les outrages, devrait chercher son salut dans une contenance ferme et courageuse, dans une marche prudente et fière à travers les résistances et les obstacles. Les troubles qui ont passé naguère sur la capitale, n'ont heureusement trouvé que de faibles échos, mais leur bruit a produit ce bien, de réveiller les hommes d'État endormis, et de convoquer au salut de la monarchie tous les intérêts menacés par l'affreuse apparition de la multitude dans les affaires publiques.

Affreuses, mais utiles révélations, ces trou-

bles ont fait tomber tous les masques et dé-
noncé l'existence d'un parti ennemi de l'ordre
et du repos que veut la France, et que l'Europe attend d'elle; d'un parti qui se proclame
le seul constitutionnel, et qui, dédaignant jusqu'aux déguisemens de l'hypocrisie, a osé en
appeler des volontés sacrées du pouvoir légis-
latif aux passions cupides des faubourgs.

L'irritation n'a été qu'aux extrémités, et point
au cœur; et ce parti, qui veut la Charte par la
sédition, et la liberté par la révolte, s'est trouvé
isolé au milieu de la nation, dont les vœux se doivent plus légitimement faire entendre, et seront
toujours écoutés quand ils seront purs et sages.

Enfin, on est remonté au bien par un pénible
effort, 'et l'on peut s'y attacher à jamais en
créant un système fort et suivi, un système
de persévérance et de loyauté qui désespère les
haines coupables, rallie les affections méconn-
nues, et contente tous les intérêts raisonnables;
un système qui, embrassant toutes les parties du
corps politique, veille sur l'instruction pu-
blique, sur l'armée, sur le commerce, sur les
arts, et tire parti de la littérature elle-même.

Il n'est pas de gouvernement qui ne puisse vivre avec un pareil régime, puisque la constance des maximes et la longanimité de conduite ont si long - temps fait durer la république de Venise, malgré l'atroce bizarrerie de ses institutions.

Le nouveau mode électoral est le premier pas dans une route qui s'élargira, et s'aplanira chaque jour ; car si les mauvaises lois en amènent de pires, les bonnes en promettent de meilleures.

Ce mode d'élection est allé chercher toutes les forces du corps social pour les faire concourir à sa conservation ; il s'est approché davantage de tous les besoins locaux, pour en recevoir l'expression plus franche, plus dégagée de tout alliage.

La prédiction de tous les effets partiels de la loi serait impossible et téméraire ; mais l'étude de son esprit est le guide que l'on doit suivre pour en apprécier les avantages, et pour en diriger l'exécution.

Qu'a-t-elle voulu, cette loi de prévoyance ?

mettre la dynastie et la Charte à l'abri de toute criminelle tentative , dérouter les industries qui avaient trop facilement corrompu le principe de la représentation nationale , faire, pour ainsi dire, uue levée en masse de toutes les influences conservatrices , contre cette puissance de destruction, déjà entrée dans nos institutions naissantes.

Donnera-t-elle tout ce qu'elle a promis, cette loi qui contient nos destinées ; et la science de ses combinaisons ne sera-t-elle pas trahie par l'expérience ? Je ne puis croire qu'elle recèle assez d'imprévoyances particulières, pour ne pas remplir au moins une partie de ses intentions générales. Elle est, ce me semble, une trop juste expression des besoins de la société, un appel trop impérieux à la bonne foi et au bon sens , pour qu'elle trompe les espérances de paix qu'elle a fait naître ou sortir des orages de la discussion législative.

Mais ne voilà-t-il pas que les ennemis de cette loi , ceux qui l'avaient accusée de trahison des intérêts nationaux, d'outrage à la France , se prennent maintenant d'une passion tardive pour elle. Retour de tendresse qui la justifie au moins de vos injures, déclamateurs consciencieux ! Amour naïf, qui pourrait bien discréditer vos harangues passées et futures contre l'aristocratie et les dîmes, contre la féodalité et le servage, ressources si précieuses de votre éloquence. Et songez-y, vous avez plus besoin que jamais d'une utile rhétorique, qui ravive vos peintures de despotisme monacal un peu usées, et les agrandisse des images les plus effrayantes. De grâce, ne perdez pas une tyrannie ; il est des menaces si fugitives aux yeux vulgaires, qu'il faut les grouper pour qu'elles les frappent.

Si ces terreurs libérales allaient abandonner vos dupes, au moment de la bataille électorale, si on ne tournait plus que des regards tranquilles sur le fantôme de la féodalité, le scrutin ne recevrait que des noms dictés par le bon sens, par l'instinct des affections locales, par le sentiment des convenances ; et alors vous seriez perdus. On ne verrait sortir de l'urne ingrate que des députés appartenant par quelque lien aux électeurs qu'ils viendraient représenter. Ces choix de famille pourraient supprimer beaucoup d'éloquence, mais ils donneraient un peu de raison ; les lois complémentaires et explicatives de la Charte recevraient dans la discussion des lumières moins vives, mais plus sûres ; les discours seraient moins longs, mais le budget peut-être serait plus court.

Les amans de l'ancienne loi électorale sont aujourd'hui chevaliers si empressés de la loi nouvelle, qu'ils en demandent toutes les faveurs à la fois. Ce n'est pas assez dn cinquième promis à la session prochaine ; il faut, pour assouvir leurs désirs immodérés, un renouvellement entier de la chambre. Singulière contradiction qui dément trop durement les pompeux éloges qu'ils prodiguaient encore tout à l'heure à une minorité chère et puissante ; ils espèrent donc de meilleurs amis, puisqu'ils en invoquent d'autres ; et cette invocation est ou une ingratitude ou une forfanterie.

Il y a de l'adresse quelquefois à solliciter ce que l'on craint d'obtenir. Le gouvernement sait sans doute que ses ennemis sont adroits, et que la peur est menteuse conseillère. Nos directeurs d'élections ne seraient-ils pas de ces gens qui chantent pour s'étourdir et faire les braves ?

Les ministres ne laissent percer aucune opinion sur la grande question qui divise les esprits ; et ils espèrent qu'en frappant plus tard, ils frapperont plus juste.

Le conseil a des intentions pures ; il a le sentiment de sa dignité et de nos dangers ; n'accusons pas cette modération qu'il cherche à travers tant de clameurs et de résistances ; car la nature ne laisse pas aux remèdes la même activité qu'aux maux (1), et il faudra du temps pour nous guérir.

Il y a quelquefois une audace qui est prudence, et la dissolution complète de la chambre serait un acte sagement énergique qui imprimerait une air de grandeur et de force à la marche du Ministère ; l'intrigue, obligée de se multiplier sur tous les points, perdrait néces-

---

(1) Naturâ infirmitatis humanæ , tardiora sunt remedia quàm mala. TACITE , *Agricola ,* Ch. 3.

sairement de sa puissance. Je ne parle pas des effets de ce grand coup : s'il était heureux, ils fixeraient nos dertinées à jamais.

Le ministère, placé à une plus grande hauteur, peut juger plus sûrement des choses, et devra se décider pour l'opération la plus lucrative et la moins dangereuse. Mais qu'il pèse bien toutes les chances ; surtout, qu'il joue avec franchise : c'est une condition de succès trop rigoureuse pour qu'il manque de s'y soumettre. Il connaît des opinions implacables qui ne viendront jamais à lui ; qu'il aille droit aux opinions qui ne demandent qu'à le servir.

Quel que soit d'ailleurs le parti auquel une haute politique le pousse, qu'il appelle la France à un renouvellement intégral ou partiel de ses députés, ce sont les mêmes hommes qu'il doit demander à la nation, les mêmes qu'elle doit accorder, si elle est habilement éclairée sur ses vrais intérêts. D'adroites calomnies, de perfides insinuations, se glisseront parmi les électeurs pour peindre à leur manière ces grands intérêts aux crédules ; d'habiles prédicateurs annonceront encore les dîmes ; et, dans leur compassion pour les intérêts menacés par leurs seules homélies, ils pleureront les biens nationaux, dont la vente est sacrée pour tout le monde. Il serait coupable, l'aveuglement des électeurs qui, s'arrêtant à ces stupides craintes, oublieraient les dangers réels dont la vie politique de la France est menacée. Que tous les bons citoyens se lèvent et courent aux élections repousser par leur présence et leurs conseils les députés que ferait la peur ainsi dirigée par la malveillance.

Les urnes électorales renferment les destins de la monarchie. Adossée à une loi qui peut la sauver, elle attend sur ce terrain ses amis et ses ennemis. Ses ennemis seront fidèles au rendez-vous, car « les hommes audacieux et « pervers sont ardens à se porter d'eux-mêmes « contre l'État, toujours plus fortement attaqué « que défendu ; parce que les bons citoyens ont « je ne sais quelle indolence qui ne se reveille « qu'aux dernières extrémités » (1).

____

(1) Majoribus præsidiis et copiis oppugnatur respublica quàm defenditur, proptereà quod audaces homines et perditi ipsi etiam sponte suâ contra rempublicam incitan-

Royalistes, ces extrémités vous pressent, vous commandent de ne pas délaisser le gouvernement dans la lutte périlleuse qu'il va soutenir. Oubliez des ressentimens légitimes, tenez compte de quelques mesures salutaires, prêtez-lui main-forte aux élections prochaines, comme il vous a porté secours à la session dernière.

Unis, la victoire est certaine; divisés, la défaite est inévitable... Et, grands dieux! quelle serait la défaite......? La corruption immédiate de la Charte, que les *triomphateurs* exploiteraient au profit de leurs principes; bientôt le renversement de la dynastie, qui, seule, peut donner liberté à la France, repos à l'Europe.

Nos prochaines élections peuvent enflammer ou pacifier le monde, parce qu'elles créeront un principe de conservation ou de destruction. Si ce principe est monarchique, la France tend une main puissante à l'Europe, pour l'aider

---

tur´: boni, nescio quomodo, tardiores sunt, et principiis rerum neglectis, ad extremum ipsâ denique necessitate excitantur.

Cicero.

contre elle-même ; si, révolutionnaire, elle la pousse de tout son poids dans l'abîme, et s'y engloutit avec elle.

Français, qui voulez la dynastie, la Charte, le repos, la vie, vous avez tout à défendre, et bientôt, peut-être, un Bourbon de plus à conserver.

FIN.

www.ingramcontent.com/pod-product-compliance
Lightning Source LLC
Chambersburg PA
CBHW061644050726
47598CB00004B/1444